AF316275

PHAËTON,
CANTATE
BURLESQUE.

Par M. D'ANGEVILLE,
Comédien du Roy.

A PARIS,

Chez la Veuve VALLEYRE, rue de
la Huchette, à la Ville de Riom.

M. DCC. XLV.

AVEC PERMISSION.

jl. cours sans perdre de tems.

PHAËTON,

CANTATE BURLESQUE.

Air. *Or écoutez petits & grands.*

PHAETON las des sots discours
Que sur lui l'on tenoit toujours;
Par le seul conseil de sa mere,
Va trouver le Soleil son pere,
Pour s'informer plus sûrement
s'il étoit bien son propre enfant.
   Sur l'Air ; *Ton humeur est Catherine.*
   Plus déterminé qu'un Braque,
Il coure sans perdre tems.#
Se peut-il que l'on m'attaque
Par des propos si mordans :
Pour rendre la bouche clause
A tous ses mauvais plaisans,
Allons sans faire de pause
Confondre les médisans.
   Air. *Dirai-je mon Confiteor.*
Quoiqu'il eut bien à traverser

Plusieurs pays des plus sauvages ;
Le Heros sans s'embarasser,
Conserve toujours un courage
Digne de son glorieux Sang,
Des Dieux enfin le plus brillant.

Air. *Soyez toujours affable & débonaire.*

Lorsqu'arrivé au bout de sa carriere,
Ah ! J'apperçois le Palais de mon pere ;
Oui :
Car pardevant & derriere
Je sens qu'il fait chaud ici.

On ne voit qu'or, azur & pierreries :
Peut-on entrer, dites-moi je vous prie ?
Oui.
Je proteste sur ma vie
Voir tout l'or du Potosii *

Air. *M. le Prevôt des Marchands.*

Lorsque Phœbus vit Phaëton,
Il dit, que veux-tu mon garçon ?
Tu peux t'approcher de mon Trône ;
Pourquoi te trouvai-je interdit ?
C'est l'éclat qui vous environne,
Votre Oréole ** m'éblouit.

Le Soleil d'abord sans façon
Se dépouille de ses rayons ;

* Montagne du Perou d'où l'on tire l'or.
** Le cercle du Soleil.

Approchez-vous sans plus attendre,
Mon fils, qu'exigez-vous ici ?
Faites-moi la grace d'entendre
En quatre mots tout mon recit.

Air. *Les Folies d'Espagne.*

Je viens ici de la part de ma mere :
Grand Dieu du jour, m'éclaircir avec
    vous !
D'un certain fait à ma gloire contraire,
On veut que je ne sois pas né de vous.

Violons.

La, la, la, la, la, la, la, la, la, la,
La, la, la,
On veut que je ne sois pas né de vous.

Air. *Quand on a prononcé ce malheureux*
    oüi.

    Oüi, vous êtes mon Sang ;
Tendrement il l'embrasse,
Et digne d'un haut rang,
Exigez quelque grace ?
Je vous satisferai, n'en doutez nullement,
J'en jure par le Stix inviolablement.

Air. *Un Cavalier d'une riche encolure.*

    Ah ! quel plaisir je ressens dans mon
    ame
       A braver le blâme
       De tous mes jaloux,
       Ils en creveront tous.
Si vous daignez, grand Dieu de la lumiere

6

Pour grace derniere,
Prêter à mes vœux
Votre char lumineux.

🙵

Pendant le jour ma gloire en fera grande,
Je vous le demande :
Phœbus étonné,
Tout indéterminé,
Lui répondit plus en ami qu'en pere,
C'est trop témeraire ;
Quitte Phaëton
Ce discours sans raison.

Air. Pour passer doucement la vie.
Mon fils, ah ! qu'osez-vous me dire,
Je fremis même d'y songer ;
Jupin, Dieu du céleste Empire,
Ne risqueroit pas ce danger.

Air. *A la façon de Barbarie mon ami.*
Vous ignorez tous les perils
De ces vastes retraites :
Vous passez devant les conseils
De dix ou douze bêtes *,
Entr'autre un affreux scorpion,
Lafaridondaine, lafaridondon.
Ah ! que vous seriez bien loti,
Beribi,
A la façon de Barbarie, mon ami.

Air *Ton humeur est Catherine.*
Aussi têtu qu'une mule,

* Les douze Signes du Zodiaque.

Son fils d'abord lui répond,
Ma foi, ce benin scrupule,
N'est pour moi que du jargon.
Né de votre Sang auguste,
Ne dois-je pas tout tenter ?
Vous seriez pire qu'injuste,
De vouloir m'en écarter.

Air. *Quand on a prononcé.*

Puisque vous dédaignez
Un conseil salutaire,
Mon fils, vous le voulez ;
Il faut bien vous complaire ;
L'effroyable serment,
Dont je me repens fort,
M'oblige en cet instant
De risquer votre sort.

Air. *La besogne de M. le Duc de Bour-
gogne.*

Je vais vous conduire à mon char
Auparavant qu'il soit plus tard :
L'aurore déja se dispose
Pour donner jour à toute chose.

Air. *Où allez-vous M. l'Abbé ?*

Quand vous serez à l'horison,
Mon fils, écoutez ma leçon ;
Tenez toujours vos rennes,
Hé bien,
Ne plaignez pas vos peines ;
Vous m'entendez bien,

Mes chevaux par fois sont malins ;
Lâchez modérément les mains,
Car le Ciel est rapide,
Hé bien,
Il leur faut un bon guide ;
Vous m'entendez bien.

Air. *Oh roguingué , oh lon lan la.*
De ses rayons il le vêtit ;
Mais crainte qu'il n'en fut rôti,
Le frotta d'un certain onguent * ,
Lui disant : tenez mon enfant,
Ce remede est , je vous le jure,
Admirable pour la brûlure.

Air. *Tu croyois en aimant Colette.*
Vous pouvez encore vous dédire,
Ecoutez ce dernier avis ;
Son chagrin sembloit lui prédire
Le sort de son malheureux fils.

Air. *Les sept sauts.*
D'un œil audacieux , intrépide ;
Phaëton se moquant de cela,
Prend son courage pour un bon guide ,
Et vole vîte au char du Papa.
A peine fut-il auprès ,
Qu'il s'y jette tôt après
D'un saut.

* Drogue pour empêcher que les rayons
du Soleil ne le brulassent.

Air. *Et vogue la galere.*

Gracieux, débonnaire,
Il saisit son congé.
Adieu, mon très-cher pere,
Je vous suis obligé.
Et vogue la galere;
Tant qu'elle, tant qu'elle, tant qu'elle,
Et vogue la galere
Tant qu'elle pourra voguer.

Air. *Pierre Bagnolet.*

C H O E U R.

Chantons l'entreprise éclatante
De ce brillant Soleil nouveau;
Son envie est triomphante
De conduire un chariot si beau.
Chantons l'entreprise, &c.

Air. *Réveillez-vous belle endormie.*

Ensuite il franchit les barrieres
Plus vaillamment qu'un Dom Quichot;
D'un allons hu des plus sévere,
Ses chevaux partent au grand trot.

Air. *Du Cahin, caha.*

Passé onze heures,
Approchant du midi,
Notre Cocher hardi
Voudroit être chez lui;
Tranquile en ces demeures.
Mais helas! ce n'est plus cela,
De sa tentative,

Sans expectative,
Il faut qu'il poursuive;
Quoiqu'il en arrive :
Sa valeur va
Cahin, caha,
Sa valeur va
Cahin, caha.

Air. *Du haut en bas.*

Du haut en bas,
D'abord qu'il apperçoit la terre
Du haut en bas,
Il semble craindre le trépas ;
D'un œil moins sûr, moins témeraire,
Il craint de cheoir en quelque orniere,
Du haut en bas.

Air. *Ah mon Dieu que de jolies Dames.*

De ses Coursiers fringans
Les crins se hérissans
Donnent du galbanon
Au pauvre garçon.
Hay, hay, hay, hay,
Hay, hay, hay, hay, hay,
Se dit Phaëton.

Air. *Des fraises.*

Je viens d'entendre craquer
La cheville ouvriere ;
Par ma foi, c'est trop risquer ;
Il se met à s'écrier,
Mon pere, mon pere, mon pere,

CHOEUR.

Son pere, son pere, son pere.

Air. *Des Trembleurs.*

La terre eſt toute embraſée,
La mer eſt toute enflâmée,
La flâme eſt communiquée
Juſqu'au fin fond des enfers.
De Jupin j'entends la foudre
Qui va me réduire en poudre.
Témeraire en ſaut découdre,
Perir pour tout l'univers.

Air. *Du haut en bas.*

Du haut en bas,
Quand on veut plus qu'on ne peut faire
Du haut en bas,
Sans doute l'on culbute à bas ;
S'il n'eût été ſi témeraire,
Auroit-il ſubi telle affaire ?
haut en bas.

FIN.

———————

Approuvé par moi Cenſeur pour la
Police, ce 10 Mars 1745.

Vû Approbation, permis d'imprimer. A Paris,
ce 13 Mars 1745, MARVILLE.

Regiſtré ſur le Livre de la Communauté des
Libraires & Imprimeurs de Paris,
VINCENT, Syndic.